별빛 흐르는 밤

南善 최병용 시집

도서출판 천우

________________ 님에게

南善 최병용 드림

내가 알고 있는 모든 분들과
나를 알고 있는 좋은 분들과 함께
좋은 세상에서 살아가고 싶습니다.

년 월 일

____

별빛 흐르는 밤,
그 바다에 꽃잎 띄우며

우리나라 최남단 완도 보길도에서 태어나
어린 시절을 그곳에서 보내고 목포중학교 2학년 때
갑작스레 하늘나라로 떠나신 아버지
그 이후 나에게 닥쳤던 그 어려운 고통을
어떻게 다 말로 표현할 수 있을까?

원하던 문학의 길을 걸어볼 엄두도 내보지 못한 채
생활 전선에 뛰어들어 30여 개국을 뛰면서
수출 활로를 개척하고 2005년 중국으로 공장을 이전한 후
15년 세월을 중국에서 생활하며 수출을 이어왔다.

코로나로 인하여 출국의 길이 막히면서
서울에서의 생활이 지속되어 원하던 문학의 길을 걷게 되면서
시인 등단에 이어 수필 부문까지 등단을 하게 되고
황혼에 저무는 나이에 늦깎이로 시집 출간을 하게 되어
나의 작은 소망을 이루게 된 셈이다.

끝으로 시집을 발간하기까지 이끌어 주시고 지도하여 주신
월간 『문학세계』 김천우 이사장님과
윤제철 주간님께 감사를 드리며
그리고 묵묵히 내조해 오면서 격려해 준 아내와
사랑하는 두 아들, 가족에게 고마움을 전한다.

앞으로 남은 나의 여백엔 향기 나는 글은 못 되더라도
곱게 익어가는 홍시처럼 진솔한 내 마음을 그려 보려 한다.

2024년 7월

최병용

애절하고 아름다운 향수(鄕愁)에 대한 사무친 그리움의 연가

김천우
(시인 · 문학평론가 · (사)세계문인협회 이사장)

남선 최병용 시인의 첫 시집 상재는 깊고 넓은 이념(理念)의 세계를 넘나드는 고차원적인 관점을 잘 다스리고 있다고 본다. 공식 시인으로 등단 입문 이후 내공을 겸비한 문필가로 연마(硏磨)하면서 수필가로서의 등단까지 섭렵하여 더욱더 탄탄한 작가로서의 참모습을 일깨워 주고자 일석이조(一石二鳥)의 필력으로 문학세계의 든든한 임원의 자리매김을 하고 있다. 누구나 글을 쓸 수는 있지만 글다운 글 작품다운 작품을 쓴다는 것은 결코 쉽지 않는 일이다.

시인의 첫 시집 상재는 진인사대천명(盡人事待天命)의 깊은 뜻을 함유하고 있음을 전해주고 있다. 글과 말의 어원을 행동이나 실천으로 옮기는 중요한 시점에 시집 출간의 의미가 있다고 본다. 최병용 시인에게는 고향 내음이 물씬 난다. 여름에는 시원한 파도 소리가 처얼썩 처얼썩, 가을에는 지평선을 향해하는 갈매기 소리 나지막이 들려오는 듯 동심으로 회귀하는 소년의 추억 여행을 하는 듯 서정적이고 낙천적인 시인의 후덕하고 풍요로운 성품처럼 평화로우면서도 담담한 언어의 연금술로 연결되는 고향의 서정(抒情)을 아름답게 잘 풀어가고 있다.

> 고향을 떠나온 지 오십 년 세월/ 비록 멀리 떨어져 있어도/ 마음 한 켠은 항상 그곳에 머물러 있다 (…) 고향의 길 그 흙냄새/ 꿈처럼 아련히 찾아오는/ 그리움에 고향의 봄은/ 그리고 사랑하는 얼굴들/ 때로는 어떠한가 안부를 묻는다
>
> —「고향 향기」 중에서

얼마나 애절하고 아름다운 "향수(鄕愁)에 대한 사무친 그리움의 연가"인가? 시인의 시집을 몇 번이고 탐독하면서 감동과 감화 속에서 내면 깊이 묻어나는 알 수 없는 고독(孤獨)한 절창(絕唱)이 하늘가에 아롱지고 있다. 시는 그 사람의 마음을 그려내는 자화상(自畫像)이며 최병용 시인이 지금까지 살아온 순진무구(純眞無垢)한 그 자체 즉, 때 묻지 않고 순결한 마음자리가 작품마다 세세하게 배어 있었다. 남선 최병용 시인의 서정 짙은 작품들이 수많은 독자에게 본보기를 줄 수 있고 사랑 받는 시인으로 더욱더 멋진 작품세계 펼치기를 바라며 진심으로 축하하는 바이다.

언어의 바다에서 세월을 낚아 올리는 고향의 순례자

지준기
(시인 · 문학평론가)

남선 최병용 시인의 고향은 한 폭의 수려한 풍경화 같은 아름다운 섬마을이다. 우암 송시열 선생이 제주로 유배 가던 중 잠시 들러 석벽에 생애 마지막 시를 새긴 바위가 있고 고산 윤선도 선생이 20년의 유배 생활 19년의 은거 생활을 끝으로 신원이 회복된 후에 산수에 반해 보길도에서 여생을 보내며 그 유명한 「어부사시사」를 남긴 곳이다. 최병용 시인의 고향 마을은 신이 내려주신 절창이 아닌가 할 정도로 흠뻑 취하고 싶은 곳이기도 하다. 최병용 시인의 바다처럼 넓고 깊은 정신세계는 숙성된 포도주처럼 과묵하고 단아하다. 그 성품 또한 보길도의 상징이 아닌가 싶다. 시와 수필 2관왕을 차지할 만큼 시인의 심안(心眼)은 굉장히 맑고 푸른 물결이 은빛처럼 빛나고 있다. 최병용 시인의 큰 그릇은 지금까지 살아온 발자취와 같이 충분히 내공을 돈독하게 쌓아 올린 대기만성(大器晚成)형의 문인임에는 틀림이 없다고 본다.

풋풋한 홍안의 시절에 고향의 이장을 맡으면서 애향심을 길렀으며 시인의 뜨거운 열정으로 고향 지킴이로 솔선수범하면서 폭 넓은 견문을 넓히고 무역사업가로도 중국에까지 성공한 사업가로 견문을 넓히는 등 일거양득(一擧兩得) 자리매김하는 시인의 훌륭한 참모습에 응원과 박수를 보내는 바이다. 월간『문학세계』등단 이후 꾸준히 작품 활동을 하면서 내면세계를 연마하는 시인의 서정성은 보길도 바다를 높고 넓게 유영하는 것 같다. 이번 시집 상재,『별빛 흐르는 밤』시의 세계는 날마다 시인의 가슴속을 적시는 고향 바다의 달빛과 별빛 그리움으로 푹 젖어 있다.

"잔잔하게 흐르는 시간 속에서 속삭이는 별들이 강물에 비친 은하수처럼 오롯이 너를 닮은 것 같다" … 어쩌면 이리도 유유자적(悠悠自適)한 영혼의 노래를 詩로 풀어갈 수 있을까?

시인은 지금도 언어의 바다에 표류하면서 세월을 낚아 올리는 고향의 순례자로 머무는 듯 시집 속에서 혼탁한 마음을 헹구어 내는 듯 기분마저도 개운해진다. 첫 시집 출간을 축하하며 앞으로 독자들에게 사랑 받는 시인으로 자리매김하기를 소원하는 바이다.

보석 밭을 일구는 시인의 땀방울, 그대로 빛나는 별이 되었다

송 란 교

(시인 · 칼럼니스트 · (사)세계문인협회 사무총장)

남선 최병용 시인의 첫 번째 시집『별빛 흐르는 밤』의 上宰를 진심으로 축하드립니다.

최병용 시인은 마음속에 만평이 넘는 보석 밭을 일구고 사는 순진무구한 시골 농부님을 닮았다. 어두운 밤에도 날을 지새우며 뭇별 중에서 샛별을 찾아다니는 목자(牧者)의 길을 걷는다. 가히 목가(牧歌) 시인이라 부르고 싶을 만큼 서정성이 푸르다.

맑은 물이 샘솟고 밝은 별이 반짝이는 시인의 별밭은 우리들의 영원한 안식처다. 그곳에서 지친 영혼과 육신 보고 쉬어가라 손짓하고 있으며 타는 목마름을 시원하게 해갈시켜주는 감로수가 졸졸졸 흥겹게 노래를 부르는 듯 경쾌하다.

최병용 시인이 찾아낸 가식과 꾸밈없는 진솔하고 편안한 시어는 묵직한 울림과 진한 감동으로 다가온다. 긴 밭고랑을 쇠스랑보다 더 깊게 파내며, 피멍으로 얼룩진 열 손가락 끝에 천착(穿鑿)의 고뇌가 넘친다. 줄줄이 흐르는 땀은 아침이슬보다 더 영롱하고 진주알보다 더 반짝거린다. 진실 앞에 당당하고 세월 앞에 겸손함을 한순간도 잃지 않는 모습이다.

고향은 누구에게나 깊이를 알 수 없는 추억의 샘이다. 그래서 눈을 뜨고서는 볼 수 없고 눈을 감아야만 볼 수 있는 것인지도 모를 일이다. 완도 앞바다에서 파도 소리를 마음으로 듣고 귀로 쓰는 시인 최병용은 징검다리로 연대하는 섬을 삼키려 밀려오는 파도를 피하지 않고 고향 앞바다를 이순신 장군처럼 거뜬히 지켜내고 있다. 명사십리(鳴沙十里) 울모래는 십 리 길 너머에까지 들리도록 '우엉 우엉' 하면서 그렇게 읊고 있음이다. 옛사랑이 그리워서 구슬피 울고 있는가?

첫 마음이라는 동심(童心)을 한가득 품고서 진실한 마음 거짓 없는 언어의 물결로 『별빛 흐르는 밤』을 세상에 첫선을 보인다. "감사하는 마음으로 소소한 행복을 찾으며 한 백 년 살라고 속삭"이는 최병용 시인에 대한 독자들의 관심과 사랑이 들불처럼 일어나기를 소망합니다.

제1부

고향 글

● 시인의 말

● 축사 1 김천우(시인 · 문학평론가 · (사)세계문인협회 이사장)

● 축사 2 지준기(시인 · 문학평론가)

● 축사 3 송란교(시인 · 칼럼니스트 · (사)세계문인협회 사무총장)

조각배의 추억 _ 19

고향 향기 _ 20

고향길 _ 22

나의 살던 고향 _ 24

고향 향수 _ 25

고향 여름밤 _ 26

여름밤의 자장가 _ 27

고향 고갯길 _ 28

윤슬 _ 29

고향에서 여름밤 _ 30

코스모스 길 _ 31

사라호 태풍의 기억 _ 32

철부지 새내기 어촌 생활 _ 33

그곳에 머물고 싶다 _ 34

동백꽃 _ 35

섬 생활의 기억 _ 36

별빛 흐르는 밤 _ 37

섬 처녀 울리던 뱃고동 소리 _ 38

제2부

인생 글

인생 — 41
커피 한 잔에 담긴 인생 — 42
인생은 희로애락 — 43
아니 벌써 — 44
일장춘몽 — 45
세월 너를 어쩌면 좋으냐 — 46
인생의 희비 — 47
이별의 슬픔 — 48
어둠과 빛의 터널 — 49
목련이 피기까지 — 50
인생을 알게 되더라 — 51
곱게 익어가는 홍시 — 52
백 세 시대 — 53
여백 — 54
성묫길 — 55
한 해를 보내며 — 56
매미의 일생 — 57
송구영신(送舊迎新) — 58

제3부

춘풍이 오는 길목

춘풍이 오는 길목 _ 61
이월에게 보내는 편지 _ 62
기다리는 때 이른 봄 _ 63
고요가 깃든 밤 _ 64
문명의 이기 _ 65
장미의 착각 _ 66
꽃잎 사이로 스며드는 봄 _ 67
꽃비 내리는 봄 _ 68
민들레 홀씨 _ 69
현충원에서 _ 70
어둠 속에 묻힌 밤 _ 71
자연의 이치와 순리 _ 72
관악산 정상에서 _ 73
가로수 잎새 _ 74
스마트폰 홍수시대 _ 75
창틈으로 들어온 달빛 _ 76

제4부

달빛 그림자

달빛 그림자 _ 79
봄마중 _ 80
우물 안 개구리 _ 81
산 넘어 저 먼 곳에 _ 82
깊은 사랑 _ 83
바람 따라 오는 향기 _ 84
보고 싶은 친구야 _ 85
종이배에 내 마음 실어 _ 86
마음속에 행복 _ 87
익어가는 황혼길 _ 88
뚝섬 드론 공연장 _ 89
석양 노을 _ 90
가을 하늘 _ 91
찾아온 가을 _ 92
반가운 가을 _ 93
석양 _ 94
초승달 _ 95
내 마음 _ 96
소복소복 함박눈 _ 97
눈 오는 날 창가에서 _ 98

제5부

사랑의 메아리

목이 메는 그 이름 어머니 — 101
그리운 어머님 — 102
천상의 누이에게 — 103
아내에게 — 104
애견 제니 — 106
천상의 너에게 편지를 쓴다 — 107
못 잊겠어요 — 108
좋은 사람 — 109
항상 생각나는 사람 — 110
그 이름 당신 — 111
향기 나는 그대 — 112
나팔꽃 사랑 — 113
첫사랑 — 114
별이 되어버린 너 — 115
보고 싶은 얼굴 — 116
추억이 담겨진 주머니 속 — 117
숨어 피는 꽃 — 118
가슴속에 피는 꽃 — 119

● 해설 시인의 심적 바탕과 사랑
• 윤제철(시인 · 문학평론가) — 120

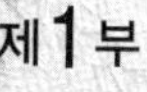

제1부

고향 글

화흥포 (완도) ⟷ 동천 (노화보길)

조각배의 추억

먼 옛날 고향 바다 조각배 위에 누워
뱃전에 부딪치는 파도 소리 들으며

쏟아지는 밤하늘 별들 바라보고
한숨으로 지새운 밤 얼마였던가

눈 감으면 떠오르는 잊을 수 없는 영상
눅눅하게 어두웠던 수많은 아픔까지

필름처럼 눈앞을 스치며 지나가네
이제 와서 돌아보니 한 줌의 추억

고향 향기

고향 하늘 아래 고향집에서
산과 들을 헤매던 소년은

이제 멀리 서울 하늘 아래
창에 비친 반백이 되어버린
자신의 모습을 바라본다

고향을 떠나온 지 오십 년 세월
비록 멀리 떨어져 있어도
마음 한 켠은 항상 그곳에 머물러 있다

봄비에 젖은 흙 내음으로
고향의 향기는
오래된 기억의 뒤안길을 헤매고

고향의 길 그 흙냄새
꿈처럼 아련히 찾아오는
그리움에 고향의 봄은
그리고 사랑하는 얼굴들
때로는 어떠한가 안부를 묻는다

고향길

여름밤 함께 걷던 짝지 밭*길이
지금은 시멘트로 덮여 있지만

살며시 눈 감으면 떠오른 건
파도와 노래하던 고향 짝지 밭

책보자기 허리 메고 학교 갈 때면
고개 너머 힘겹게 넘던 그 길도

쭉 뻗은 신작로로 변해 있지만
눈에 밟히는 건 넘던 고갯길

하하 호호 어깨동무 놀던 친구들
사방팔방 흩어져 살고 있지만

어느 하늘 아래 살고 있어도
설마하니 고향길 잊진 않겠지!

*짝지 밭 : 검은 갯돌로 이루어진 해변(전라도 방언).

나의 살던 고향

내가 살던 고향은 남쪽 바닷가
우리나라 최남단 외딴 섬마을
저 멀리 보이던 것은 아득한 수평선
끝없이 펼쳐졌던 푸른 자연의 품속

바닷가에 펼쳐진 까만 갯돌
스르르 밀려드는 작은 파도
잔잔히 부딪치며 들려오던 소리
한여름 밤 소곤소곤 자장가였네

남해안의 잔잔한 푸른 물결
훈풍에 은사이룬 내 고향 바다
갈매기 울음소리 들려오던 곳
눈 감으면 아련히 파도에 밀려온다

고향 향수

하루 종일 시끄럽던 차량 소음
오가는 행인들의 분주한 발걸음마저
멈추어진 늦은 가을 밤
어두움이 창밖에서 나래를 편다

그 옛날 고향에서
쏟아지는 여름밤의 별을 헤아리며
조각배 위에 누워
상상의 나래 펼쳤다

황혼에 선 내 마음
그때 그 밤을
무엇을 꿈꾸면서 지샜던가
아련한 기억 회상의 길목에
차오르는 고향 향수

고향 여름밤

연기로 모기 쫓던 고향 여름밤
마당 평상에 모깃불 피워 놓고

흡혈귀처럼 달겨들던 모기 등쌀에
밀대 집으로 만든 거적 말아 들고

해변가 짝지 밭*으로 나선다
바닷가에 사르르 밀려드는 파도에

자갈 구르는 잔잔한 음악 들으며
유난히 초롱초롱 별 빛나던 밤이면

도란도란 얘기꽃 피우며 지새웠던
아름답던 고향의 여름밤 전경

*짝지 밭 : 검은 갯돌로 이루어진 해변(전라도 방언).

여름밤의 자장가

여름밤 고향에서 펼쳐지던 건

한 폭의 아름다운 고향 풍경화

쏟아지는 별빛과 둥근 보름달

달빛에 일렁이는 밤바다 물결

뱃전에 부딪치던 파도 소리와

사르르 밀려드는 물결 소리는

엄마가 다독이며 불러 주시던

무더운 여름밤 잠재워준 자장가

고향 고갯길

세상이 너무 많이 변해 있어서
옛 정취는 찾아볼 수 없는데도

꿈속에선 고갯길을 걷고 있는 건
마음속에 고향은 언제나 옛날

지금은 쭉 뻗은 신작로가
새로운 도로로 신설되어 있지만

눈 감으면 떠오른 건
책가방 둘러메고 넘던 고갯길

문명의 이기보다 그리워지는 건
따스한 정 넘치던 고향 인심과

손잡고 넘나들던 고향 고갯길

윤슬

호수같이 잔잔한 고향 앞바다
휘영청 달 밝은 밤바다에 윤슬*은

한 폭의 아름다운 풍경화였다

남녘에서 불어오는 봄바람에
반짝이는 잔물결

까치의 하얀 속날개처럼 빛나지만
미세먼지 수치 따지는 세상

문명의 이기인가 문명의 흉기인가

공해가 무언지도 모르던 세상에선
자연은 우리를 보호해 주었는데

*윤슬 : 햇빛이나 달빛에 비치어 반짝이는 잔물결.

고향에서 여름밤

내 고향 바닷가 까만 갯돌 밭
한여름 밤이면 갯돌 밭 위
어른 아이 모두 모여
반짝이는 별을 헤아리며
부서지는 파도 소리 자장가 삼아
무더운 해조의 밤 지새웁니다

자갈밭에 멍석 깔아 놓고
이 얘기 저 얘기 꽃피우다
횃불로 멸치 잡는 불빛 따라
정어리 떼 갯가로 밀려올 때면
물가로 뛰쳐나가 정어리 줍던
그 옛날 그 시절 그립습니다

코스모스 길

허리춤에 책가방 메고서
동무들 손잡고 등교하는 길
길 옆에 피어 있는 코스모스
하하 호호 재잘대는 철부지 우리들
학교 다녀오라고 손 흔들어준다

수업 마치고 돌아오는 길
코스모스 돌담 길 다다를 때면
동무들과 학교에서 잘 지냈냐며
언제나 한결같이 하늘하늘
오늘도 변함없이 반겨주네

사라호 태풍의 기억

초등학교 4학년 시절
1959년 추석날 밤
바닷가에 살던 우리 식구들은 물론
마을 사람들 모두가 집채만 한
거대한 파도가 밀려오는 걸
공포의 눈으로 바라보면서
뜬눈으로 밤새웠던 사라호 태풍
새벽녘이 되자 바람이 잦아들고
멸치 어장을 관리하러 나갔다
바다에 휩쓸려 버린 아들의
이름 부르며 맨발로 빗속을
헤매며 울부짖던 아낙의 목소리가
지금도 귓가에 생생히 들려온다
바닷가가 고향인 섬사람들의
애환을 보면서 자란 탓인지
나한테 바다는 동경의 대상 아닌
무서움과 공포의 대상으로
머릿속에 남겨져 있다

철부지 새내기 어촌 생활

톡 톡 톡
양철지붕 위에 떨어진 새벽 빗소리
와~ 오늘은 쉬는 날이다
새벽에 일어나 해가 질 때까지
온종일 쉴 틈 없는 고향에서 김 생산
비가 오면 일상을 망쳐
손실이 크다고 걱정들을 하는데

어촌 생활 새내기이던 나
휴식을 취할 수 있다는 생각으로
비 오는 날이면 쾌재를 불렀으니
비로 인해 손해를 따지던
어른들의 눈에 비친 내 모습

얼마나 철부지로 비치어졌을지
반세기가 지난 지금도
기억을 더듬어 보면
철없던 그 시절이 서럽고
쓴웃음 지어진다

그곳에 머물고 싶다

어둠이 세상에 나래를 펴면
환한 달빛이 세상을 밝히고

별빛 쏟아지던 바닷가 내 고향
오늘은 내 고향 그곳엘 가고 싶다

달빛에 일렁이던 잔잔한 물결
밀려온 물결에 발을 담그고

올려다 본 하늘에선 별똥별이
찬란한 빛 발하며 선 긋기 한다

어느 날은 환한 보름달님과
어느 날엔 별들과 얘기 나누며

여름밤 지새우던 고향 바닷가
오늘은 왠지 그곳에 머물고 싶다

동백꽃

마을 앞 둘레길에 피던 동백꽃

매섭게 휘몰아친 북풍한설과

하얗게 맺혀 있는 눈꽃 속에도

붉게 핀 너의 모습 아름다워라

지저귀던 파랑새 울음소리가

반백년 지나버린 세월인데도

동백꽃 가지 위에 올라앉아서

지금도 귓가에서 맴돌고 있네

섬 생활의 기억

양철 지붕 위에 떨어지던 빗방울 소리
김 생산에 지친 섬 생활에
구원의 손길 같은 빗방울 소리
비가 오면 김 생산 휴무 날이다

현대화된 지금은 먼 옛날얘기지만
모든 게 수동으로 이루어진 세상에선
햇볕으로 김을 말리던 시절
비 오는 날이면 쉼이 있는 날

새벽부터 일어나 온종일 숨 가쁘게
해 질 녘까지 동분서주하던 시절
그 모진 세월이 기억으로 남겨진 건
가슴에 맺혀있는 설움의 덩이인가

별빛 흐르는 밤

잊을 수 없는 너와 나의 추억들
별빛이 흐르는 밤
한없이 반짝이며
하늘에 빛나는 별처럼
내게 다가온다

눈을 감고 귀 기울이면
너의 목소리가 들려오는 듯
바람에 실려 오는 꽃향기에
조용히 내 마음을 채워간다

잔잔하게 흐르는 시간 속에서
속삭이는 별들이
강물에 비친 은하수처럼
오롯이 너를 닮은 것 같다

섬 처녀 울리던 뱃고동 소리

동백꽃 피고 지던 섬마을에
뱃고동 울리며 지나가던 여객선에서

이미자 섬마을 선생님의 구성진 노래가
산메아리 되어 울려 퍼지면

갯가에서 조개 캐던 섬 처녀들
일손 놓고 넋 없이 하늘만 바라본다

여객선 시야에서 사라질 때까지
섬에서 태어나 섬에서 자라면서

육지를 동경하며 꿈 지피던 봄날
무심히 섬 처녀 울리던 뱃고동 소리

제2부

인생 글

인생

꽃이 말합니다
　한 번 피었다 지는 삶이니
　　웃으며 살라고

구름이 말합니다
　인생은 바람 따라 흘러가는
　　구름 같은 거라고

바람이 말합니다
　긴 여정 같은 세월이지만
　　뒤돌아보면 짧은 게 인생이라고

세월의 끝자락엔
　남는 게 후회뿐
　　오늘의 소중함을 알고

감사하는 마음으로
　소소한 행복을 찾으며
　　한 백 년 살라고 속삭입니다

커피 한 잔에 담긴 인생

창가에 앉아 커피를 마시면서
푸르름이 샘솟는 봄날엔 희망을 보고

창문을 때리는 여름날 빗방울에선
파도 넘치던 고향 바다가 보인다

드높은 가을 하늘 흘러가는 뜬구름
곱게 물드는 단풍을 바라볼 때는
눈시울 뜨거워지고 마음이 시린다

소복이 눈 내리는 겨울날엔
한 해를 보내는 아쉬움에 젖는다

어느 땐 달콤하게
어느 날은 서글프게 전해지는

커피 한 잔에 인생의 삶도
자연의 순리도 읽힌다

인생은 희로애락

이래도 한세상 저래도 한세상
한세상 어떻게 살아야 하는 걸까

세상에 태어남도 내 뜻이 아니었고
세상을 떠나감도 내 뜻이 아니다

한 알의 씨앗이 땅에 떨어져
한 그루 나무로 자라오듯이

자연과 함께하며 살아온 세월
자연에는 감사하며 살아왔을까

뒤돌아보면 짧은 세월이지만
눈 감고 지난날들 회상해 보면

한 번 왔다 한 번 가는 인생사에
희로애락이 겹겹이도 쌓였구나

아니 벌써

어릴 적엔 손수레에 실려 더디 가던 세월
어느 시긴 자전거로 달리다가
어느 순간 자동차에 탑승하더니
무궁화 열차에서 KTX로 바뀌고

세월이라는 놈
빠르게 움직이기 시작하더니만
이젠 아예 눈 깜짝할 새로 바뀐 세월
올 한 해를 시작한 게 엊그제만 같은데
미련 없이 잘도 간다

아니 벌써
올 한 해 마감 준비를 하려 든다
세월이 빠른 걸까?
마음이 바쁜 걸까!

일장춘몽

봄바람 부는 날
아름답게 눈부시던 꽃잎이
꽃비 되어 바람결에 흩날린다

매섭던 추위 이겨내고선
온 천지를 밝혀주듯
화려하게 꽃 피우더니

자연의 순리 따라
봄과 여름 사이로 치달으니
하얀 눈꽃으로 낙화가 되는구나!

떨어진 꽃잎들이
발걸음에 채이고 짓밟히며
비명을 지르고 이지러진다

일장춘몽으로 끝나버린
짧은 벚꽃의 화무십일홍
가슴 시리고 눈시울 뜨거워진다

세월 너를 어쩌면 좋으냐

오랜만에 꺼내 본 앨범 속에서
지난날들의 추억을 본다

소년 시절 거쳐서 청년으로
청년 지나 중년으로 가더니만
지는 해 석양처럼 노년이 되었구나

아름다운 추억들로 수 놓아진
빛바랜 앨범 속 사진들을 보면서

나에게도 저런 시절 있었구나
마음만은 그 시절에 머물러 있는데

흘러간 세월이 머리엔 백설 남기고
이마엔 주름을 얼굴은 노인을
만들어 놓고 말았구나

아~ 무작정 달리는 무심한 세월아
도대체 너를 어쩌면 좋으냐

인생의 희비

소파에 앉아 바라다본 창문 밖
인생을 새 출발 하는 신랑 신부가

평생을 사랑하겠노라 맹세하고
하객들의 박수와 환호를 받으며

환한 미소와 함께 첫발을 내디딘다

아이러니하게도 생을 마감하여
가족을 떠나보내는 아픔과

슬픔에 젖은 채 망연자실한
검은 상복을 입은 가족들과

조문을 온 조문객들이
그 앞쪽 건물 병원 영안실에 보인다

생과 사 인생의 희비가 교차하는 현장
다시 한 번 인생을 일깨워준다

이별의 슬픔

보라매 병원역이 코앞이라
자주 이용하는 전철역

전철을 타고 신림역 가는 차 안
슬픔에 흐느끼며 울고 있는 여인

비통해하는 그 모습을 보면서
상상의 나래가 펼쳐진다

장례식장에서 오는 길로 보이는데
누구와의 이별이길래

저렇게도 설피 울까
누구든 언젠가는 가야 하는 길

언제 떠날지 알 수 없는 황혼의
인생길에 머물고 보니

알 수 없는 그 여인의 서러움이
쓰나미처럼 가슴에 밀려온다

어둠과 빛의 터널

어둠과 빛의 터널은
인생을 살면서 지나는 길이다

사람은 그 길을 걸으면서
어둠과 빛의 터널을 거치며
희비가 교차하는 삶을 산다

한 치 앞도 보이지 않는
어둠의 터널 속에서는
캄캄한 세상만 보일 뿐이다

그러나 희망을 버리지 않는다면
언젠가는 어둠의 터널 끝에
빛이 있다는 것도 알 수 있다

이게 인생이고 삶이다

목련이 피기까지

메말랐던 앙상한 나뭇가지에
어느 날부터 푸르름 선보이며
눈 시리게 피어난 하얀 목련화

매서운 찬바람 눈비 맞으며
추위에 떨며 한파 이겨내고
얼마나 많은 아픔 이겨냈을까
너를 하얗게 꽃피우기까지

메마른 가슴에 창문을 내고
사랑의 분수를 열면
우리 인생에 사랑의 꽃도
아름드리 꽃송이 피울 수 있을까

인생을 알게 되더라

모닝커피 한 잔으로 목을 축이며
파란 하늘 바라보며 하루를 연다
파노라마처럼 스치는 지나온 날들
흐르는 구름에 엎혀와 머릿속에 앉는다

여기까지 오면서 걸어온 긴 터널
성난 파도에 휩쓸려서 눈물짓고
가난에 짓눌렸던 암담한 그 세월은
어둡고 무서운 힘겨운 삶이었다

살다 보니 인생을 알게 되더라
맨발로 뛰면서 세상을 다 얻어도
손안에 쥐어진 건 내 것이 아닌 것을
세월이 지나면서 알게 되더라

노을 진 황혼길에 들어서 보니
힘겨웠던 삶도 즐거웠던 세월도
흘러가는 구름도 불어오는 바람도
때가 되면 멈춘다는 걸 깨닫게 하더라

곱게 익어가는 홍시

세월이 흐르는 걸 본 사람도
꽃 피어나는 걸 본 사람도 없지만
세월은 흘러가고 꽃은 핍니다

갈바람 불어온 걸 본 사람도
나에게 부는 바람 본 사람 없지만
내 마음에 가을바람 불어옵니다

세월의 흐름을 막을 수 없으니
가는 세월에 발 맞추어가며
곱게 익어가는 홍시가 되렵니다

백 세 시대

지금을 백 세 시대라고들 한다
하지만 나이 들면 인지능력이 떨어져

빈번히 발생하는 고령자들의
운전사고 소식을 접하게 된다

스마트폰 손에 들고 스마트폰을 찾고
메모하려고 종이랑 펜 찾다 보면

금방 쓰려던 말 다 까먹기도 하고
연명치료 않겠다고 포기서 써 놓고도

여기저기 고장으로 병원 문 들락이니
백 세 시대인들 무슨 소용 있으랴

건강히 살다 잠자듯 떠나면 좋으련만
불필요한 수명 연장 반길 일만 아닌 것을

여백

빈손으로 왔다가
빈손으로 가야 하는 한생을

무엇을 얻으려 두 주먹 불끈 쥐고
그리 바삐 뛰었으며
무엇을 내 손안에 남겼을까

황혼으로 물들여 오는 길목에서
남은 여백엔 무엇을 그려볼까

무슨 그림을 그려야 떠나는 날
그래도 내 삶이 헛되지 않았고

그런 대로 한세상
행복했었노라고 말할 수 있을까

곱게 물들여진 낙엽 길 걸으며
오늘도 남겨진 여백을 바라본다

성묫길

차를 타고 가는 도중 내린 눈들이
소복이 쌓이면서 만들어진 설경에
온천지가 새하얀 눈꽃 밭이다

두 아들과 손주들 함께 가는 성묫길
온 가족의 탄성이 절로 나온다

어쩌면 이렇게도 흰 눈꽃들로
땅에 떨어지면 사라질 눈들이
장관을 이루어 냈을까

마음까지 새하얀 눈꽃 보면서
고운 맘으로 조상을 기리며
조상의 은덕에 감사드린 성묫길

한 해를 보내며

고향 떠나 서울에 둥지를 틀고
발바닥에 땀 차도록 동분서주하며
치열한 삶의 틈바구니에서

아들딸 자식 낳아 출가시키고
남겨진 내외가 되고 나서야
거울 속에 비친 우리 모습들

이마엔 주름이요 머리엔 백설이니
팔팔했던 좋은 시절 어디 보내고

가는 세월을 이해해야 하는 걸까
달리는 세월 원망해야 하는 걸까

남은 세월 얼마일진 모르지만
고향 잊지 말고 훈장처럼 새겨진
손등에 주름 서로 감싸주면서
우리 그렇게 황혼길 걸어가세

우리 친구들 떠나는 이 없이
부부 손 꼭 잡고 한자리에 모였으니
이 얼마나 행복이고 감사할 일인가

매미의 일생

7년간 땅속 애벌레 삶 마치고
2주간의 짧은 생이 너무 아쉬워

매미는 저리도 서럽게 우는가 보다
하늘이 내려준 너의 생인 것을

기구한 너의 운명 아쉽고도 애달파
간밤에도 그리 섧게도 울었구나

우리는 서러운 네 울음소리를
한여름 밤 아름다운 필하모니로 들었단다

송구영신(送舊迎新)

하얗게 핀 눈 꽃송이들
한 해를 마감하며 산소 가는 길

스치는 창문 밖 설원을 바라본다
김이 서린 창유리에 그리움 그리는데

그려지던 그림들이 방울 되어 흐른다
한 해를 보내는 아쉬움과 서운함

그리움에 눈가엔 이슬 맺히고
한 해를 보내는 아쉬움과 서운함

새해가 다가오는 교차로에서
송구영신을 되뇌어 본다

제3부

춘풍이 오는 길목

춘풍이 오는 길목

매화가 필 거라는 알림처럼
하얗게 핀 눈꽃에
가슴이 설렌다

올겨울 매섭던 추위도
불어오는 훈풍에 밀려서
움츠려드는 걸 보니
세월을 이기지는 못하나 보다

천지를 매화꽃 동산 만들려는
춘풍이 불어오는 길목에서
따스한 봄 너를 기다린다

이월에게 보내는 편지

일월이 발걸음을 재촉하며
지난 십이월에게 안부를 전한다
한 해 마무리 짓느라 고생 많았다고
오는 이월한테는 희망 편지를 쓴다

입춘 지나고 우수 되면
동면하던 개구리 잠에서 깨고
대동강 얼음이 풀린다는 봄
메말랐던 가지에 새 움 트고
향긋한 봄 내음과 함께
불어올 훈풍을 맞이하라고

가는 세월은 아쉽지만
이월아 너를 기다리고 있다고
너에게 내 마음 전해주고 싶다

기다리는 때 이른 봄

머지않아 활짝 필
매화 소식 전해주듯
하얗게 핀 눈꽃이
산야를 물들인다

아름다운 설경에 눈이 취한다
메마른 가지 끝에
푸르름이 서성인다

봄이 저편에서 서성거리니
세월이 흐르는 건
내키진 않지만
봄 너는 기다려진다

매서운 추위에 엎드려 있던
푸르름 안고 올 공원의 잔디들
시샘하며 피어날
꽃동산의 봄꽃들도
기다려지는 때 이른 봄날

고요가 깃든 밤

어둠이 교교히 나래를 펴고
적막이 온 누리 채운다

만물이 잠든 평화로운 시간
이 밤이 나는야 너무 좋다

저 멀리 63 빌딩 불빛만 반짝반짝
어스름 속에서 깜박거리고
쉴 새 없이 빛나는 저 불빛

누군가 부르는 유혹의
손짓처럼 설렌다

문명의 이기

1등 자식 만들려고 숨차게 경쟁하고
1등 자식 만들 자신 없어

자식 낳기를 거부한다

거기에 한술 더 뜬 이는 이도 저도 아닌
편안한 독신 삶을 선택한다

현세에 부모들 자식 사랑 이럴진데

어머님 우리 키울 적 등에 업고 키우면서
산과들 헤매시며 초근목피 어찌 견디셨을까

문명은 발달하여 인공지능 AI가
사람이 하던 모든 일을 처리하다
세상을 AI가 점령하고

우리 인간들은 AI처럼 감정이 없는
인간으로 변하지 않을까 두려움이 앞선다

장미의 착각

애견 제니와 공원 산책길
양쪽 귀에 레시버 꽂고
음악에 취해 걷고 있는데
인기척에 고개 들어 보니
무더기로 피어있는 장미들을
신기한 듯 한참을 바라보던
아주머니 한 분이 내게 묻는다

지금이 장미가 피는 계절인가요?
내 대답 아마도 장미들이
계절 감각을 잊었나 봅니다
그래도 신기한 듯 곱게 핀 장미를
스마트폰 카메라에 계속 담고 있다
봄으로 착각하고 곱게 핀 장미들
요사이 추위 잘 견디고 있는지
오늘은 그 길을 둘러봐야겠다

꽃잎 사이로 스며드는 봄

겨울 한파 이겨내고 꽃잎 사이로
곱게 스며드는 봄

꽃샘추위가 기승을 부려도
네 모습 꽃잎처럼 참 예쁘다

찾아오는 봄을 꽃잎 봉오리
살며시 고개 들고 맞고 있구나

아무리 세상이 어지러워도
눈보라 몰아치는 북풍한설도

꿋꿋이 이겨내 온 네 모습이
너무나도 아름답고 고귀하구나

자연의 순리에 따르면 이 세상
모든 인간 삼라만상도 좋으련만

꽃비 내리는 봄

꽃잎들이 봄바람에
흩날리며 춤을 춘다
벚꽃 잎들 눈송이 되어
보도 위를 덮는다

눈부신 봄날
꽃비 내리는 길 걸으며
봄의 향연 속으로 빠져
몸을 맡긴다

하얀 벚꽃 잎 날리고
목련꽃 겹겹이 쌓이고
진달래 분홍색 바래며 떨어지니
철쭉이 화려하게 봄을 맞는다

민들레 홀씨

민들레 홀씨 되어 바람에 흩날리다
머물 곳 찾으려고 애쓰다 머문 곳이
왜 하필 돌 틈바구니 이런 곳을 찾았나

돌 틈에 피어있는 민들레 꽃 한 송이
세상사 귀찮아서 이런 곳 택했는지
외롭게 피어 있지만 예쁘기만 하구나

다음 생 홀씨 때는 저 아래 평지에서
한 가족 모두 모여 한군데 자리하여
예쁘게 꽃밭 이루고 모두 행복하여라

현충원에서

이곳 현충원에 잠들어 계시는
모든 영령들에게 감사를 드립니다

당신들이 있었기에 우리 후손들이
이렇게 좋은 세상에서 살고 있음입니다

여기에 잠들어 계시는 대통령님들
독립 위해 살신성인하신 애국지사님들

나라를 구하시다 전사하신 호국 영령들
이 나라에 이제는 전쟁이 없어지기를

이 나라가 더 이상 분열되지 않도록
지하에서라도 보살펴 주소서

작금의 정치를 보면서 애국선열들이
지하에서 통곡할까 두렵습니다

어둠 속에 묻힌 밤

어두움 창밖에서 나래 펴고
맞은편 아파트 밝혀졌던 불빛들

하나둘씩 어둠 속에 묻혀버린 밤
세상도 잠들고 하늘도 고요 속에 젖는다

칠흙 같은 어두움 밀려오는 밤
초목들 가로등도 모두 잠든 밤

반짝이던 공원 불빛 짙어가는 시간
꿈속 여행길 동행하는 달무리 속 연가

자연의 이치와 순리

하늘이 시키는 대로 따르면 될 것을
여름이 막바지에 몸부림친다
가을이 저만치서 손짓하는 때
그 무엇이 서러운지 열대야는
떠나지 않으려 발버둥친다

보라매공원 길 따라 걷다 보면
여기저기 풀벌레 소리
오케스트라 연주 같다
정녕, 가을이 문밖에 왔는가
매미는 무엇이 저리 서러운 건지
서연 한여름 밤 지새워 운다

관악산 정상에서

사시사철 끊임없이 많은 등산객이 찾는 곳
세상 사람들이 탐욕으로 아웅다웅 하다가도
산 정상에 올라서면 한없이 마음이 넓어지는 곳
서울대학교를 한 가닥 품에 안고
우뚝 솟아있는 관악산

저 아래 끝없이 이어진 다닥다닥 붙어있는
삶의 터전들을 내려다 보노라면
백 년도 못살고 가는 짧디짧은 인생일진대
수백 년 살 것처럼 아웅다웅하면서 사는 사람들….

저 좁디좁은 공간 틈바구니에서
우리는 삶의 전쟁을 치르고 있다
그러나 관악산 정상에 서서 곱게 물든 단풍하며
멀리 탁 트인 파란 하늘을 보고 있노라면
답답했던 가슴이 확 트인다….

관악산은 오늘도
묵묵히 아래에 펼쳐진 서울을 내려다보면서
말없이 자연의 변화에 순응하고 있다

가로수 잎새

한여름 푸른 기상 한없이 펼치더니
불어오는 갈바람에 단풍잎 되어

바람결에 흔들리는 가로수 나무 잎새
연지곤지 곱게 바른 새색시처럼

아름다운 자태 뽐내려
울긋불긋 단장한 나무 잎새들

땅바닥 위에 떨어져 뒹굴다
사라져 갈 줄 아는지 모르는지

서러움에 가을이 운다

스마트폰 홍수시대

커피 주문은 물론 모든 주문에 이어
하다못해 목욕탕에 때를 민 요금까지
스마트폰 하나면 만사가 해결되는 세상
일상생활의 필수품이다

스마트폰 홍수에 전쟁을 치르고 있는 대한민국
버스나 전철 안에서 그리고 길을 걸으면서도
모두가 스마트폰 삼매경에 빠져 있다

심지어는 에스컬레이터를 뛰어내려 오고
바쁜 출근길에 쫓기면서도 스마트폰에
눈을 떼지 않아 아찔한 상황들을 마주한다

도대체 어쩌다 세상이 이렇게 스마트폰에 빠져
허우적거리는 세상이 되어 버렸을까

가정에서도 가족들이 모두 스마트폰에 빠져
대화가 단절되어 가고 있는 현실이 되고 있다
이건 문명의 이기이자 문명의 흉기다

창틈으로 들어온 달빛

창틈으로 들어온 달빛

침대 위 옆자리에 길게 누운다

반가움에 살며시 손 내밀었더니

살포시 손등 위에 내려앉는다

오늘 밤 가지 말고 식구들이랑

오순도순 얘기로 밤새하자 했더니

내일 다시 온다는 약속 남긴 채

달님 따라간다고 길을 나선다

제4부

달빛 그림자

달빛 그림자

임이 찾아온 줄 알았던
창문에 어른거린 달빛 그림자

반가움에 일어나 창문 열어보니
앞마당 나무 그림자였습니다

님의 기척인 줄 알았던
우수수 떨어지는 꽃잎 소리가

반가워서 창문 열고 바라다보니
흔들리는 나뭇잎 소리였습니다

창틈으로 새들어온 하얀 달빛이
내 옆자리에 길게 누워 있길래

너무 반가워 두 팔 벌려 안아보니
팔 위에 내려앉은 달빛이었습니다

봄마중

매서운 꽃샘추위 이겨내고
봄 내음 살포시 코끝 스친다
긴 겨울 꽁꽁 얼어붙게 하더니
입춘, 우수 지나 경칩 맞는다

메말랐던 가지 끝에
봄빛 머금은 푸르름
이것이 자연의 순리이고
인생의 이치이고 삶의 진리다
지나온 계절의 끝자리

겨울의 매서운 추위만 원망하며
세월 속 여울목 회상의 길목 거닐어 본다
이제 우리 곁을 다시 찾아온 너의 모습
버선발로 마중하며 하늘 가슴 열어보자

우물 안 개구리

우물에 살던 우물 안 개구리
눈에 비친 세상은 살고 있던
우물 안이 전부이고
보이는 건 높은 하늘뿐이다

그러던 어느 날 행운을 얻어
두레박에 담겨져 나와 본 바깥
세상은 넓고 할 일도 많다
우물 안 개구리 세상을 만났다

하늘 높은 줄은 아는데
땅 넓은 줄은 모르며
그렇게 살아온 개구리에겐
바깥 삶이 행복일까 불행일까

펼쳐진 넓은 세상 바라보며
시야도 생각도 달라진다
우물 안 개구리는 되지 말자
몇 번이고 자신에게 다짐해 본다

산 넘어 저 먼 곳에

아침에 눈 떠서 창문 열어보니
파아란 하늘에 흰 구름 두둥실

하염없이 어디론가 흘러갑니다
산 넘어 저 먼 곳에 누가 살고 있길래

바람 따라 산 넘어 능선을 향해
쉬지 않고 한없이 달려갑니다

하염없이 흘러가는 저 구름에
내 마음도 실어서 보내렵니다

깊은 사랑

만개한 보라매공원
장미꽃 동산

각양각색 꽃길 걸으며
화려함에 반하고

향기에 취한 게
나만은 아닌지

꿀벌 한 마리
꽃잎 깊숙이
고개 밀어 넣고

아마도 깊은 사랑에
빠졌나 보다

바람 따라 오는 향기

곱게 물 드리운 단풍잎 오솔길
낙엽 길 밟으며 손잡고 걷던 날

바람 타고 스쳐오던 너의 향기가
지금도 아련히 코끝을 스친다

갈바람 솔솔 불어오는 가을날
너의 향기 바람 타고 올 것만 같아

고개 내밀어 바람들이 마셔본다
그리움은 채곡채곡 쌓여만 가고

어렴풋이 나타났다 아스라이 사라진
너의 영상 따라 하늘을 바라보며

바람 따라 흘러가는 뜬구름한테
하염없는 내 마음만 실어 보낸다

보고 싶은 친구야

봄이면 뒷동산에 진달래 꺾고
여름이면 앞바다에 멱을 감으며

어린 시절 소꿉동무 놀던 친구야
지금은 어느 하늘 아래 살고 있느냐

눈 감으면 떠오르는 미소 짓는 너
가슴속 깊은 곳에 담겨있는데

머나먼 미국 땅에 살고 있다는
먼 귀로 너의 소식 접한 지 오래

끊긴 너의 소식 알 길이 없어
희미해진 기억만 더듬어본다

생전에 한번은 볼 수 있으려는지
생각하면 할수록 보고 싶다 친구야

종이배에 내 마음 실어

유유히 흐르는 저 강물에
바람 따라 물결 따라 떠내려가다
포구에 닿거들랑 마음 전해주라고
내 맘 담은 종이배 띄워 보낸다

종이배 닿는 곳이 어딜지 모르지만
가득 담긴 내 마음 전해주마고
보고 싶은 그리움 가득 담고서
종이배는 하염없이 떠내려간다

그리운 마음 싣고 유유히 흘러가는
종이배 닿는 곳에 내 님 머물다
내 소식 접하면 더없이 좋으련만
전해지지 못할까 봐 가슴 졸인다

마음속에 행복

어제는 무사히 보내서 좋고
오늘은 오늘이 즐거워 좋다
내일은 다가올 내일이어서
새로운 희망을 꿈꾸어 본다

봄이면 꽃이 피어서 향기롭고
여름이면 푸른 바다가 좋다
가을이면 곱게 물들인 단풍이
겨울이면 하얀 백설이 좋다

비가 오면 비가 와서 좋고
바람 불면 바람 불어 좋더라
바스락 거리는 낙엽 길도 좋고
눈꽃으로 변한 설야도 아름답다

익어가는 황혼길

세상 올 때 내 맘대로 온 거 아니고
삶 또한 내 선택이 아니었는데

살아오는 동안 짊어져 온 삶의 무게
너무나 힘들고 무거운 짐이었다

요만큼 지나와서 뒤돌아보니
꿈같이 지나간 허무한 세월

이젠 홀가분하게 모두 내려놓고
천천히 익어가는 황혼길 가련다

뚝섬 드론 공연장

입추의 여지없이 꽉 메운 인파
뚝섬 한강공원에서 펼친 드론 쇼 공연장

관람장은 물론 양쪽 숲 잔디밭까지 인산인해
화장실 앞에는 몇십 미터씩 긴 줄이 늘어서고

한 곳뿐인 편의점에는 차례대로 음료수 등을
구하기 위해 늘어선 줄은 100m 정도다

이태원 참사 이후 소 잃고 외양간을
잘 고쳐서인지 많은 인파가 넘쳤는데도

관리인들이 질서정연하게 유도하여
아무런 사고 없이 잘 끝낸 공연이었다

석양 노을

둥근 해가 저녁노을 만들며
서산에 걸터앉는다
붉게 물든 하늘이
물감을 드리운 듯
참 곱기도 하다

대지를 환히 비추던 해
떠나기가 아쉬운지
내일을 기약하며
빨갛게 물 드리운 저녁노을

노을에 내 마음을 전한다
떠나는 길 미련 두지 말고
예쁜 모습 그대로 담은 채
아름다운 석양으로 기억되도록
고운 발자국 남기고 떠나가라고

가을 하늘

구름 한 조각 보이지 않는
청명한 가을 날씨
이렇게 깨끗한 하늘을
바라보고 있노라면

파아란 하늘 도화지에
누군가 자국을 남길까 봐
마음은 그림도 그리고
글도 써 보고 싶어지는
하얀 도화지에 선다

찾아온 가을

가을이 풀벌레를 데리고 온 건지
풀벌레가 가을을 불러온 건지

아니면 둘이서 다정히 손잡고
우리 곁을 찾은 건지 알 수 없어도

가을이 우리 곁에 들어와 자리하고
풀벌레 울음소리 가을밤 울린다

들판은 황금빛 물들여오고
낙엽이 하나둘 바람에 흩날린다

고추잠자리 창공에 수놓고
높은 하늘엔 뜬구름 흐르며

하늘을 날아가는 기러기 떼
나는야 이 가을이 너무나 좋다

반가운 가을

조석으로 부는 갈바람이 반가워
버선발로 마중 나가니

하나둘 떨어지는 단풍잎 깔아 놓고
깊어가는 가을이 나를 반긴다

바스락거리는
낙엽 카펫 길 걸어가 보니

필하모닉으로 여름밤 연주하던
매미 합창 사라지고

여치, 귀뚜라미 풀벌레 소리
서늘한 가을밤에 울려 퍼진다

석양

시시때때로 바뀌어가는 내 모습
좋은 옷보단 편안한 옷이
화려함보다는 소박함이
복잡함보다는 단순함이
점점 좋아지는 나이

석양을 바라보며
황혼을 느끼면서
눈시울 뜨거워지고
밤잠 설치는 꿈속에서는
나이가 익어 갈수록
유년의 그 시절 고향집 머문다

초승달

별빛으로 채워가는 가을밤
풀벌레 울음소리
천지간에 울려 퍼진다

산마루턱에 걸린 기운 초승달
어둠 속 은하의 나라 바라본다

오늘은 초승달로 찾아왔지만
산등성 넘고 또 넘어

오는 보름날에는 둥그런 보름달로
환하게 웃으며 찾아오겠지

손꼽아 기다린 보름날 밤에
둥근 달로 찾아온 너를 만나면

반가운 마음 마중 나가서
두 팔 벌려 뜨겁게 너를 맞으리

내 마음

천고마비의 계절
마냥 높기만 한 파아란 하늘
하염없이 흘러가는 뜬구름 따라
눈길만 취하여 본다

부는 바람에 밀려
봄이면 설렘으로 다가오고
여름이면 남쪽에서 고향 소식 전해온다

가을이면 북쪽부터 꽃물 드는 단풍 소식
겨울이면 메마른 가지 위에
순백의 눈꽃송이 담아오네

어떤 땐 남쪽 고향 바다
또 어떤 땐 갈 수 없는
북녘땅 향하기도 하면서

자유로운 영혼이 되어
두둥실 흘러가는 저 구름에
내 마음 담아 보낸다

소복소복 함박눈

창밖에 소복소복 함박눈이 내린다
사뿐히 내려앉는 눈꽃송이들
창문에 부딪치며 눈물이 된다
무슨 사연 있길래 나를 찾아와

손짓하며 부르다 울고 있는지
창문 열고 내밀어 펼친 손바닥
따스한 내 마음 전해졌는지
손바닥 안에서 눈물 고인다

밤새 내린 눈 내일 아침엔
공원에 소복이 쌓여 있겠지
크나큰 눈사람 하나 만들어
눈물 되던 눈꽃들 안아 주리라

눈 오는 날 창가에서

밖엔 함박눈이 흩날리고
뿌연 유리창엔 김이 서린다
나옹선사의 청산가를
검지손가락으로 적어본다

“청산은 나를 보고 말없이 살라 하고
창공은 나를 보고 티 없이 살라 하네
노여움도 내려놓고 아쉬움도 내려놓고
물같이 바람같이 살다가 가라 하네”

써 내려간 글자들이
가슴속에 사무친 그리움의 조각처럼
눈물방울 되어 흘러내린다

소복이 눈 내리는 오늘 같은 날이면
멀리 떠나버린 옛님이 보고 싶다

제5부

사랑의 메아리

우리 가족 앨범
김삼엽여사 76세생신

목이 메는 그 이름 어머니

허기진 배 허리띠로 졸라매고
물 한 바가지로 배 채우시며
보릿고개 넘기시던 어머니
그 모진 고생 다 이겨 내시고
든든한 버팀목이 되어주신 어머니

목 메이게 불러도 대답이 없는
꿈속에서도 그리운 어머니
언제나 우리 곁 지켜주시며
언제든 부르면 달려올 줄 알았는데
어느 날 훌쩍 떠나가신 어머니

그곳 천국에서 지내시다 보니
아끼던 저희들 잊으셨나 봅니다
꿈속에서라도 그 모습 보고파서
고향집 들러서 기다려도 보지만
이제는 고향길도 잊으셨나 봅니다

그리운 어머님

어머님 생각하면 눈물이 난다
마흔일곱 나이에 청상과부로
한평생 자식 위해 바쳐온 세월
보릿고개 넘기던 회한의 발자취
눈물로 얼룩진 무심의 세월

그때 부모님 집집마다
슬프고 아픈 사연 없으리오만
질기고 모진 고생 넘어오신 어머님
효도를 다 하지도 못했는데
우리 곁 떠나버린 당신 얼굴
생각하면 할수록 못내 그립습니다

천상의 누이에게

지난봄 병석에 오래 누워 지내시다
눈도 떠보지 못한 채 먼 길 떠난 우리 누이

하고픈 말도 많았을 터인데
말 한마디 남기지 못한 채 떠나던 길

얼마나 힘들고 아팠을까요
그렇게 서글프게 떠났는데도

무심한 세월은 여름, 가을 지나
흰 눈 내리는 겨울이 되었네요

오늘같이 함박눈이 소복이 내리면
고향 가면 항상 반가이 맞아주던

따스한 누이의 미소 그리며
천상의 누이에게 편지를 띄웁니다

아내에게

옥색 한복 곱게 입고 부둣가에서
옷고름 날리던 가녀린 당신

나를 만나 오랜 세월 고생 많았소

가난과 어려움 이겨내며
오십 년 세월 지나다 보니

거울에 비춰진 우리 모습
백설 내린 노인네가 되어 있구료

지난 세월 돌이켜 보면
후회스런 일들이 너무나 많소

여보라는 호칭도 쑥스러워 못 부르고

사업하느라 외국 생활로
오랜 세월 독수공방 만들고

두 번이나 큰 수술로 병 수발에
삼시 세끼 다 찾는 삼식이 남편 따라

여기까지 오느라 정말 고생 많았소

그러나 두 아들 잘 커서 잘 살고
효행들 깊으니 우린 성공한 거요

이제 얼마일지 모르는 남은 여생

건강 지키면서 잘 익어가는
홍시처럼 그렇게 익어갑시다

애견 제니

올해 열다섯 살 고명딸 제니
제 집에 들어가 고개 내밀어
빤히 쳐다보는 눈
무슨 말을 나에게 하고 싶은 걸까

우리는 이 아이를 딸이라 부르고
제니에게 엄마 아빠라 일러준다
우리나라 반려동물 사육 인구
1,500만 명 시대에 이른다

오랜 동안 함께 지내다 보니
말을 주고받진 못하지만
사람과 다를 게 하나도 없다

가끔씩 소통이 되면서
놀라기도 하고 보람도 느끼며
행복한 가족으로 살아간다

천상의 너에게 편지를 쓴다

어둠이 창문 넘어와
나래를 펴고
방 안을 채운다

불 꺼진 침대에 누워
회상에 잠기며
떠나간 네가 그리워 가슴 메인다
희미해진 너의 눈가에 맺힌 이슬

불을 켜고
천상의 너한테 편지를 써 보지만
백지 위에 남겨지는 건
못 잊어 흘린 눈물 자국뿐

못 잊겠어요

지난날 오랜 세월 당신 생각에
눈물로 지새운 밤 얼마이던가

손꼽아 세어보니 많은 날들을
당신을 그리면서 살았더이다

사노라면 잊힐 날 있을 거라고
눈에서 멀어지면 잊혀진다고

눈물지으며 약속했지만
가끔은 가슴에서 살아나더이다

흐르는 세월만큼 잊혀졌는지
희미한 영상으로 떠오르지만

떠나는 발걸음이 너무 무거워
눈비 오는 날이면 그려지더이다

좋은 사람

생각만 해도 좋은 사람
곁에 없어도 보이는 당신

나에게 그대는 벅차오르는
즐거운 행복입니다

눈을 감아도 떠오르는 얼굴
멀리 있어도 삼삼한 모습

나에게 당신은 보석처럼 빛나고
가슴 뛰게 하는 내 사랑입니다

항상 생각나는 사람

항상 보고 싶은 사람
나에게 그러한 당신 있다는 건
커다란 기쁨이요
행복입니다
아직은 내가 살아 있음에 감사하고
당신을 그리워
할 수 있음에 행복하고
살아감에 큰 힘이 됩니다
오늘도 그대 있음에 그리운 당신을
더욱 풍성하고 훈훈한 세상으로
눈감고 떠올려 봅니다

그 이름 당신

백번을 생각해도 좋은 사람
백번을 그려봐도 그리운 사람
백번을 불러봐도 부르고 싶은 이름
그 이름 바로 당신입니다

눈을 감아도 떠오르는 사람
가슴 한 켠에 담겨진 사람
꿈속에서도 나타나는 사람
그 사람 바로 당신입니다

목련이 필 때면 한 송이 목련으로
장미꽃 필 때면 한 송이 장미로
가을이면 곱게 물든 단풍잎으로
나타났다 사라지는 그 이름 당신

향기 나는 그대

왠지 모르게
그대가 좋습니다
그대에게선 들꽃 같은
향기가 납니다
사람 냄새가 납니다

작은 것에도
그대와 함께 있으면
행복이 느껴집니다
작은 풀꽃으로라도
그대와 함께라면
아름답게 피고 싶습니다

나팔꽃 사랑

곱게 핀 나팔꽃이 하도 예뻐서
한 송이 꽃잎 조심스레 따다가

하얀 백지에 곱게 접어서
그 애 손에 살짝이 건네주었습니다

고운 꽃잎이 그녀 닮아서
그냥 그녀한테 전해주고 싶었는데

그것이 그녀 향한 사랑인 줄을
그때는 정녕 몰랐습니다

동심의 어린 시절 철없던 시기에
그녀에게 향했던 순수했던 마음이

긴 세월 지나와서 지금 생각해 보면
곱게 핀 나팔꽃 사랑인가 봅니다

첫사랑

눈 감으면 지금도 떠오르는
쌍꺼풀 진 눈매에 미소 짓던 너
검정색 바지 위에 빨강 스웨터
지난밤 꿈속에서 너를 보았네
눈물을 글썽이며 두 손 꼭 잡고
보고플 땐 언제나 사진 본다며
쓸쓸히 미소 짓던 너의 모습
그것이 마지막 작별이었네

지금 와서 생각하니 너는 나에게
한 폭의 아름다운 순정의 첫사랑
손잡는 것조차도 수줍어하며
연분홍 꿈꾸던 그 시절 그립네

별이 되어버린 너

어둠이 창밖에서 나래 펴는 밤

밤하늘 바라보다 떠오르는 네 모습

무슨 사연 그리 많아 허공을 맴돌다

반짝이는 별빛 따라 하늘로 사라진다

북쪽 밤하늘에 물 머금은 샛별 하나

무슨 슬픔 그리 많아 눈물짓고 있는지

네 모습 바라보며 울고 있는 내 모습이

창문에 비치면서 어둠 속에 묻혀진다

보고 싶은 얼굴

벚꽃 핀 봄날 되면 손 잡고 거닐자고
두 손을 부여잡고 눈물짓던 네 모습이
아련한 기억 속에 머물고 있구나

세월이 흘러 흘러 수십 년 지났건만
갈수록 뚜렷해진 그날의 눈망울에
지나간 환영에서 눈물방울 맺힌다

그날이 다시 오면 무엇을 할 것인가
눈 감고 그려보니 그날의 네 모습을
딱 한 번 꿈에서라도 다시 보고 싶구나

추억이 담겨진 주머니 속

내 맘속 깊숙이 간직해 둔
빛바랜 사랑 주머니
봄비 내리는 창밖을 바라보며
살며시 주머니를 열어본다

주머니 속에 담겨진
곱게 접혀있던 사랑 한 토막
별빛 총총하던 어느 여름밤
너와 손잡고 바닷가 거닐다

바위에 걸터앉은 채
두 손 꼭 잡고서
얘기꽃 피우며 지새웠던 밤
달빛 아래 비치던

수줍던 너의 모습
주머니 열어 살며시 꺼내 본다
하늘나라 떠나간 네 모습이
비 오는 날이면 가슴을 적셔온다

숨어 피는 꽃

벚꽃 홍매화 목련화에 이어
진달래 개나리 피는 4월의 봄

내 가슴에도 피어나는
사랑의 꽃 한 송이

꽃송이 곱게 펴 보지도 못하고
가슴에 봉오리로 맺혀 있는 한 송이 꽃

언제쯤 내 님이 마음의 꽃 보아줄까
눈치채일까 봐 수줍어서 숨어버린

가슴앓이 사랑의 꽃
피어나지 못한 슬픈 사랑의 꽃

언젠가 따스한 봄날이 되어
환한 미소 띠며 피어날 수 있기를

가슴속에 피는 꽃

흔들리는 게 어디 너와 나뿐이랴

불어오는 바람에 나뭇잎도 흔들리고

심술궂은 봄바람에 꽃비도 흩날린다

봄이라서 흔들릴까 꽃바람에 흔들리나

내 안에도 너 안에도 봉우리 진 꽃 한 송이

펴 보지도 못한 채 가슴속에 묻어두고

누군가 볼까 봐 봄바람에 들킬까 봐

피어나지 못하고 가슴속에 피는 꽃

시인의 심적 바탕과 사랑

윤제철(시인 · 문학평론가)

1. 들어가는 글

시를 처음 만나는 자리에서 함께했다는 것은 많은 인연 중에 잊히지 않는 기억을 남기는 대단한 것이었다. 최병용 시인은 같은 시기에 입문한 다른 분들에 비해 이미 많은 습작 과정을 걷고 있었다. 외국에 나가 사업하느라 분주한 틈을 타 써놓은 작품을 삼십 여 편을 보여주기도 했다. 성품이 준수하고 대인관계가 원만하여 사람들이 잘 따르고 있다.

꾸준한 노력으로 다양한 주제를 간결하면서도 운율감 있는 함축적인 표현으로 선명한 이미지를 만드는 시를 쓸 수 있게 되었고 인정받는 종합문예지 월간『문학세계』에 등단하였다.

시집을 내겠다고 원고를 들고 찾아왔으니 얼마나 반가운 일인가. 시집에 넣을 원고를 먼저 읽을 수 있는 기회를 얻었다.

시는 시인의 느낌이나 감정을 언어로 표현한 것이므로, 시를 만난다는 것은 시인 자신을 만나는 것과 같은 목소리가 귀에 들려온다. 그리고 사람 냄새 나는 정신세계가 고스란히 담겨 있다. 시인이 선택한 시어들은 즐거움과 기쁨을 줄 만큼 예쁘고 곱다. 그 시어들의 결합은 신비스러운 마력을 지니기에 충분하였다.

2. 시인의 심적 바탕과 사랑

① 시인의 심적 바탕

수록 작품 중 전반부에 「고향 고갯길」에서 따스한 정 넘치던 인심을 다시 되찾기를 바라는 기대, 「스마트폰 홍수시대」에서 문명의 이기가 오남용으로 흉기로 돌변할 수 있고 인간의 가치가 추락하는 불상사, 「민들레 홀씨」에서 꿈조차 꾸지 못하는 상황에 결정되어지는 운명, 「가을 하늘」에서 파아란 하늘 도화지에는 누군가 자국을 남길까 봐 그림도 그리고 글도 써 보고 싶은 시인의 심적 바탕을 만들었다.

세상이 너무 많이 변해 있어서
옛 정취는 찾아볼 수 없는데도

꿈속에선 고갯길을 걷고 있는 건
마음속에 고향은 언제나 옛날

지금은 쭉 뻗은 신작로가
새로운 도로로 신설되어 있지만

눈 감으면 떠오른 건
책가방 둘러메고 넘던 고갯길

문명의 이기보다 그리워지는 건
따스한 정 넘치던 고향 인심과

손잡고 넘나들던 고향 고갯길

—「고향 고갯길」 전문

세상은 지난날의 모습을 볼 수 없을 만큼 달라졌다. 뿐만 아니라 살고 있던 주민들도 변화가 많지만 고향도 나를 알아보지 못해 섭섭하기 짝이 없다. 그럼에도 마음속에 고향은 언제나 옛날이다. 그리고 그리워지는 건 따스한 정 넘치던 고향 인심과 고향 고갯길이다.

마치 예전에 찍어두었던 사진을 빛이 바랜 지 오

래되었건만 들여다보면서 그리움을 달래는 것처럼 그 시절을 상기시키며 잊지 못하는 것이다. 변화된 현실과는 전혀 무관한 옛 모습으로, 보는 이의 안타까움을 키우는 촉매 역할을 하는 것이다.

어디 그뿐이랴, 점점 삭막해져 가는 메마른 인정은 따스한 정 넘치던 인심을 다시 되찾기를 바라는 가능성 없는 기대를 놓지 않는다. 그저 거주지를 옮겨 먼저 살던 집으로 전락하는 의미의 변이 현상을 막는다는 것은 어려운 일이 되고 말았다.

커피 주문은 물론 모든 주문에 이어
하다못해 목욕탕에 때를 민 요금까지
스마트폰 하나면 만사가 해결되는 세상
일상생활의 필수품이다

스마트폰 홍수에 전쟁을 치르고 있는 대한민국
버스나 전철 안에서 그리고 길을 걸으면서도
모두가 스마트폰 삼매경에 빠져 있다

심지어는 에스컬레이터를 뛰어내려 오고
바쁜 출근길에 쫓기면서도 스마트폰에
눈을 떼지 않아 아찔한 상황들을 마주한다

도대체 어쩌다 세상이 이렇게 스마트폰에 빠져
허우적거리는 세상이 되어 버렸을까

가정에서도 가족들이 모두 스마트폰에 빠져
대화가 단절되어 가고 있는 현실이 되고 있다
이건 문명의 이기이자 문명의 흉기다

—「스마트폰 홍수시대」 전문

컴퓨터의 출현은 인류문명에 커다란 변화의 신호탄이었다. 전자계산기로부터 핸드폰, 스마트폰, 그리고 인간의 지능이 가지는 컴퓨터 시스템(AI)의 등장을 말한다. 뿐만 아니라 여가를 즐기는 가요나 게임 등의 프로그램 개발에서 비롯된다.

언제 어디서나 관심을 두고 있는 거라면 스마트폰을 열어 빠져버리고 마는 것이다. 친구를 만나거나 가족끼리 앉아 있어도 따로 가리지 않는다. 혼자 있어도 외롭지 않게 지낼 수 있다 보니 사회적인 동물인 인간이 개인적인 동물로 변화되고 있는 것이다.

문명의 이기가 오남용으로 흉기로 돌변할 수 있고 인간의 가치가 추락하는 불상사를 안게 되는 것이다. 인간의 일자리를 빼앗아 결국 기계의 노예가 되어버리고 말 수도 있고 적절한 조율이 없이는 홍수에 빠져 떠내려가는 사태를 막을 수 없게 될 것이다

민들레 홀씨 되어 바람에 흩날리다
머물 곳 찾으려고 애쓰다 머문 곳이
왜 하필 돌 틈바구니 이런 곳을 찾았나

돌 틈에 피어있는 민들레 꽃 한 송이
세상사 귀찮아서 이런 곳 택했는지
외롭게 피어 있지만 예쁘기만 하구나

다음 생 홀씨 때는 저 아래 평지에서
한 가족 모두 모여 한군데 자리하여
예쁘게 꽃밭 이루고 모두 행복하여라

—「민들레 홀씨」 전문

민들레는 생명력이 질긴 식물로 알려져 있다. 알고 보면 어쩔 수 없는 운명에 적응을 위한 몸부림을 치고 있을 뿐 그 이상도 이하도 아니었다. 민들레 홀씨 되어 머물 곳을 찾다가 마음먹은 곳을 벗어나 생각지도 않은 돌 틈에 내려앉고 말았다.

인간이 태어나는 것도 어디 마음먹은 대로였겠는가? 경제적인 능력이나 그밖에 좋은 조건을 지닌 부모의 슬하에 태어난다는 꿈조차 꾸지 못하는 상황으로 결정되어지는 운명을 어찌 할 수 없었다. 결정되어지는 대로 따르는 것이 운명이라는 이름이 아닐까?

떠오르는 생각이나 느낌을 간결하게 표현하면서 운율을 갖는 함축적인 묘사로 새로운 이미지를 만드는 것이 시라면 이 세상의 민들레 홀씨나 우리의 삶 자체가 시로서 승화시킬 수 있는 주제, 운율, 심상의 온상일 수밖에 없다는 생각에 이른다.

구름 한 조각 보이지 않는
청명한 가을 날씨
이렇게 깨끗한 하늘을
바라보고 있노라면

파아란 하늘 도화지에
누군가 자국을 남길까 봐
마음은 그림도 그리고
글도 써 보고 싶어지는
하얀 도화지에 선다

—「가을 하늘」 전문

하늘은 대기의 오염이나 미세먼지로 늘 깨끗하지 않지만, 하늘빛이 파란 것은 태양빛이 대기를 지나 우리 눈에 들어오는 도중 파장이 짧은 자외선 근처의 보라색과 파란색은 더 심하게 산란돼 하늘색으로 인식되는 것이다.

하늘을 바라보면 하늘이 오직 나를 위해서만 축복해 주는 것 같아 행복하다. 그저 틈이 나면 하늘을 보고 싶다. 잠깐만 바라보아도 힘이 나는 까닭이다. 화자는 파아란 하늘 도화지에는 누군가 자국을 남길까 봐 그림도 그리고 글도 써 보고 싶어 흰 도화지 앞에 섰다.

가을에는 대기가 건조하고 깨끗하기 때문에 대기

중의 수증기나 먼지가 적어서 산란이 잘 되는 파란색이 더 잘 보이기 때문에 높고 푸르다. 그런 이유로 하얀 도화지는 더 넓어져 더 많이 그리고 쓸 수 있는 것이다. 가을 하늘은 선명한 이미지로 우리 앞에 시로 서고 있다.

② 시인의 사랑

수록 작품 중 후반부에 「매미의 일생」에서 성공을 하기까지 제대로 가치를 지니지 못하고 무명으로 사는 과정, 「익어가는 황혼길」에서 꽃도 피웠고 익어가는 열매를 보살펴야 한다는 것, 「아내에게」에서 미루다가 못한 것들을 함께하는 동안을 하나의 홍시처럼 익혀보자는 시인의 여생, 「좋은 사람」에서 언제나 내 편이 되어주는 든든한 천군만마와 같은 존재들이 시인으로 하여금 사랑을 하게 만들었다.

7년간 땅속 애벌레 삶 마치고
2주간의 짧은 생이 너무 아쉬워

매미는 저리도 서럽게 우는가 보다
하늘이 내려준 너의 생인 것을

기구한 너의 운명 아쉽고도 애달파
간밤에도 그리 섧게도 울었구나

우리는 서러운 네 울음소리를
한여름 밤 아름다운 필하모니로 들었단다

—「매미의 일생」 전문

매미의 일생은 땅속 애벌레로 긴 시간을 보내고 겨우 2주 동안을 매미로 사는 생애가 애처로운 것이다. 하나의 곤충으로서의 생애로는 동정이나 관심을 가질 일은 아니나 매미를 우리와 같이 사람으로 비유하여 바라보는 시선에서 비로소 애정을 가진다.

사람도 사람답게 살게 되기까지나 아니면 성공을 하기까지 제대로 가치를 지니지 못하고 무명으로 사는 과정에서 고생을 감수했던 짧지 않은 시기를 무시할 수는 없다. 〈살 만하니 떠나는 게 인생이다.〉라는 속담을 예로 들지 않아도 익히 알 만한 상식이다.

관찰의 대상으로 삼은 사물을 무엇에 두는가에 따라 삶의 내용은 달라질 수 있으나 근본적으로 우리의 삶과 유사한 부분을 비유하여 독자들에게 공감을 통하여 감동을 주고 깊은 이미지를 가슴에 스며들게 서러운 울음소리를 필하모니로 들었다.

세상 올 때 내 맘대로 온 거 아니고
삶 또한 내 선택이 아니었는데

살아오는 동안 짊어져 온 삶의 무게
너무나 힘들고 무거운 짐이었다

요만큼 지나와서 뒤돌아보니
꿈같이 지나간 허무한 세월

이젠 홀가분하게 모두 내려놓고
천천히 익어가는 황혼길 가련다

—「익어가는 황혼길」 전문

이 세상에 태어난 일이나 삶은 내가 선택한 일은 아니나 엄청난 경쟁률을 뚫고 이뤄낸 기적이었다. 그러나 자식들은 힘겹게 버텨야 하는 현실이 너무 어렵다는 강박관념에 사로잡혀 낳아서 키우고 가르치고 손발이 다 닳도록 정성을 다한 부모님께 고마움을 모른다.

성장해 가면서 꿈과 희망을 성취하기 위하여 공부를 열심히 하지 않으면 안 되었다. 취업을 했고 결혼하여 자녀교육에 몰두하는 삶은 힘에 겨웠다. 이제 와 생각하니 지나간 시간이 허무하기만 하다. 남은 시간을 소중하게 잘 간수하는 마음가짐이 절실해졌다.

잘해 보려는 욕심을 채우지 못해 힘들어했던 걸 모두 내려놓고 편안하게 마무리하는 시간을 가져야 한다. 아무것도 하지 않고 늙어가기만 기다릴 것이 아니라 이제는 꽃도 피웠고 익어가는 열매를 보살펴야 한다는 것을 깨닫게 되었다.

옥색 한복 곱게 입고 부둣가에서
옷고름 날리던 가녀린 당신

나를 만나 오랜 세월 고생 많았소

가난과 어려움 이겨내며
오십 년 세월 지나다 보니

거울에 비춰진 우리 모습
백설 내린 노인네가 되어 있구료

지난 세월 돌이켜 보면
후회스런 일들이 너무나 많소

여보라는 호칭도 쑥스러워 못 부르고

사업하느라 외국 생활로
오랜 세월 독수공방 만들고

두 번이나 큰 수술로 병 수발에
삼시 세끼 다 찾는 삼식이 남편 따라

여기까지 오느라 정말 고생 많았소

그러나 두 아들 잘 커서 잘 살고
효행들 깊으니 우린 성공한 거요

이제 얼마일지 모르는 남은 여생

건강 지키면서 잘 익어가는
홍시처럼 그렇게 익어갑시다

—「아내에게」 전문

아내라는 이름은 결혼하여 남자와 짝을 이룬 여자다. 누구를 막론하고 못난 사람하고 같이 이 날까지 함께 사느라 고생만 시켜 미안하다는 마음을 가지지 않는 남자는 없을 것이다. 후회스런 일이 많고 여보라는 호칭도 쑥스러워 못 부른 것까지 미안하다.

외국생활로 독수공방에다 큰 수술 병 수발도 두 번씩이나 하느라 고생한 아내를 효행 깊은 두 아들이 잘 커주어서 성공했다고 한다. 평소에 하기 어려운 말도 시를 통하여 이제는 내 몸처럼 보이는 아내를 보면서 고백하는 화자의 말에는 진심을 가득 담고 있다.

지낸 시간 길어 보여도 한주먹도 안 되는 허허로운 하룻밤의 꿈이다. 남은 시간이 귀하고 소중하다. 「있을 때 잘하라」는 노래 가사처럼 차일피일 미루다가 못 한 것들을 함께 하는 동안을 하나의 홍시처럼 익혀보자는 화자의 여생은 옹골지다 할 것이다.

생각만 해도 좋은 사람
곁에 없어도 보이는 당신

나에게 그대는 벅차오르는
즐거운 행복입니다

눈을 감아도 떠오르는 얼굴
멀리 있어도 삼삼한 모습

나에게 당신은 보석처럼 빛나고
가슴 뛰게 하는 내 사랑입니다

—「좋은 사람」 전문

서로 간에 의견 대립이 없이 소통이 잘되는 사이로 가까이 지내는 편한 사람을 좋은 사람이라고 생각한다. 만나지 않아도 가까이 눈앞에 있는 것처럼 기분이 좋아지는 사람이다. 내가 좋아하는 사람이 있어 즐겁겠지만 남에게 내가 좋은 사람으로 남는 것도 행복이다.

가까우면 가까울수록 말이나 행동에 각별한 예절을 지켜야 한다. 자칫 잘못하면 친하고 허물없다는 생각에 절친했던 사이가 어색해지고 멀어지기도 한다. 순간의 실수를 아무리 사과를 하고 되돌리려 애를 써 봐도 아무 소용없는 일이 되고 만다.

무엇보다 좋은 사람은 없으면 안 될 만큼 소중하

고 귀하다. 좋은 사람으로 볼 수 있는 대상은 따로 한정지을 수 없다. 좋은 사람이 많으면 많을수록 인생에 있어 부자라고 할 수 있는 재산이다. 언제나 내 편이 되어주는 든든한 천군만마와 같은 존재다.

3. 나오는 글

시를 쓰는 것은 일상에서 만나는 사람이나 사물, 그리고 사건을 대상으로 관찰하고 표현하고자 하는 자신의 느낌이나 감정을 비유하여 상상을 통해 충분한 대화를 나누고 스토리를 만드는 일이다. 관찰을 반복하다 보면 감각이 예민해져 순간적으로 떠오르는 시상을 만날 수 있지만 무관심하다 보면 대상을 정해 놓고 관찰한다 해도 감각이 녹슬어버려 어떤 느낌을 제대로 떠올릴 수가 없다.

최병용 시인의 시를 읽다 보면 어떤 대상에게도 걱정은 할지라도 탓하거나 미워하지 않는다. 긍정적인 사고방식은 친절하고 공감하는 태도로 다가갈 수 있을 뿐만 아니라 사람과 상황에서 좋은 점을 더 잘 볼 수 있어 도전의 기회로 볼 가능성이 높아진다. 따라서 말과 행동은 항상 밝고 환하게 함께하는 사람들에게 믿음을 주었다.

수록 작품 중 전반부에 「고향 고갯길」에서 따스한

정 넘치던 인심을 다시 되찾기를 바라는 기대, 「스마트폰 홍수시대」에서 문명의 이기가 오남용으로 흉기로 돌변할 수 있고 인간의 가치가 추락하는 불상사, 「민들레 홀씨」에서 꿈조차 꾸지 못하는 상황에 결정되어지는 운명, 「가을 하늘」에서 파아란 하늘 도화지에는 누군가 자국을 남길까 봐 그림도 그리고 글도 써 보고 싶은 시인의 심적 바탕을 만들었다.

그리고 후반부에 「매미의 일생」에서 성공을 하기까지 제대로 가치를 지니지 못하고 무명으로 사는 과정, 「익어가는 황혼길」에서 꽃도 피웠고 익어가는 열매를 보살펴야 한다는 것, 「아내에게」에서 미루다가 못한 것들을 함께 하는 동안을 하나의 홍시처럼 익혀보자는 시인의 여생, 「좋은 사람」에서 언제나 내 편이 되어주는 든든한 천군만마와 같은 존재들이 시인으로 하여금 사랑을 하게 만들었다.

문학을 수용하거나 창작하는 활동은 우리 삶에 대한 이해이며, 인간의 가치를 높이기 위한 행위이다. 문학의 가치를 실현하는 가장 좋은 행위는 자신의 생각이나 느낌, 경험, 지식 등을 동원하여 의미를 재구성하는 것이다. 최병용 시인의 시집 『별빛 흐르는 밤』 출판을 축하하며 다시 쓰여지게 될 시편을 주목하는 동시에 많은 독자들에게 사랑 받는 시집으로 남길 바라는 바이다.

문학세계대표작가선 1023

별빛 흐르는 밤

최병용 시집

인쇄 1판 1쇄 2024년 7월 2일
발행 1판 1쇄 2024년 7월 9일

지 은 이 : 최병용
펴 낸 이 : 김천우
펴 낸 곳 : 문학세계 출판부 / 도서출판 천우
등 록 : 1992. 2. 15. 제1-1307호
주 소 : 서울시 광진구 구의강변로 85 강우빌딩 7F
전 화 : 02)2298-7661
팩 스 : 02)2298-7665
http://cafe.naver.com/chunwu777
E-mail : cw7661@naver.com

값 15,000원

ISBN 978-89-7954-934-8